I0780696

生命是风里
温柔的喘息

谷雨柚子诗文小辑

Breath of the Breeze

谷雨柚子 著

壹嘉出版 | 1 Plus Books
https://1plusbooks.com

书名/Title: 生命是风里温柔的喘息：谷雨柚子诗文小辑/Breath of the Breeze

作者/Author: 谷雨柚子/Guyu Youzi

ISBN: 978-1-966814-28-3

出版人/Publisher: 刘雁/Yan Liu
Published by 壹嘉出版 / 1 Plus Books
https://1plusbooks.com
San Francisco, 2026

目　录

自 序　　　　　　　　　　　　　　　1

第一辑　诗　选

一把椅子的思考　　　　　　　　　5

我不在乎　　　　　　　　　　　　7

大河和故乡　　　　　　　　　　　9

明 天　　　　　　　　　　　　　11

我还是没有忘记你　　　　　　　　13

残　渣　　　　　　　　　　　　　15

墙　　　　　　　　　　　　　　　18

临界点　　　　　　　　　　　　　20

想你的时候　　　　　　　　　　　22

得不到的永远在跳动　　　　　　　25

此刻是幸福的　　　　　　　　　　26

思念　　　　　　　　　　　　　　28

我以为　　　　　　　　　　　　　30

界　　　　　　　　　　　　　　　31

特别的剧本　　　　　　　　　　33

生 命　　　　　　　　　　　　35

巨人　　　　　　　　　　　　　36

灯 塔　　　　　　　　　　　　37

别人的天长地久　　　　　　　　39

空　　　　　　　　　　　　　　40

领悟　　　　　　　　　　　　　41

冰冷　　　　　　　　　　　　　42

旅客　　　　　　　　　　　　　43

远山　　　　　　　　　　　　　44

雪之四首　　　　　　　　　　　45

周末随想　　　　　　　　　　　50

异种生物　　　　　　　　　　　52

圆满隔裂　　　　　　　　　　　54

锥体细胞　　　　　　　　　　　56

七点（外三首）　　　　　　　　60

窗台　　　　　　　　　　　　　63

家·游在时间流里　　　　　　　65

Hike the Manitou Incline　　　67

你像从混乱中走出一样　　　　　69

四月　71

岩石　73

你还记得吗　74

雪　76

头脑——比天空更宽广　77

Love　78

黑夜　80

乘客　81

请让黑暗拥抱你，我的城市　84

小鸟　87

安家　90

躲在那条小船里　91

请听　92

Do Not Ask Where I Go　94

生来孤独　96

One Thousand Steps　97

Youth　100

寒　102

天地之间 人鸟之间　103

月之三首　105

愿点起一盏爱的灯　　107

乡　思　　108

油　画　　109

Realization　　110

第二辑　散　文

纽约诗歌节小记　　115

片　段　　117

云　雾　　118

对死亡的思考　　120

心经和相应思考　　122

大　海　　124

燃　烧　　126

春　游　　127

Bubble　　131

天堂的逗留　　132

家　具　　134

致母亲　　135

幕　间　　137

吃西瓜   139

晨   141

归程   143

往事随风   145

好久不见   146

Puzzle   147

自 序

写诗是一种习惯。

2014 年是我踏上美国求学之路的第一年。把这十年的思考汇总为一本诗集，反映了自己人生中一部分的心路历程。

十年的记号，从青春期到成年，从高中到大学，从疫情到回归平常。不安，迷茫，焦虑，坦途，绝望，幸福。这种种的思绪都凝结在每一笔的文字表达中。尽管没有一帆风顺，但也从每一次的跌倒中找到重新站起来的理由，尽管没有十全十美，但也从每一句温暖话语背后获得把握现实的力量。希望这笔尖的锋芒能够引领心中波涛的释放，希望对生活细微的观察可以推倒出生命哲学的意义。

本文集分为两部分：诗选和散文。

感谢父母对此次诗集出版的支持，伍宏涛老师对我诗歌朗诵的启蒙，袁圆、黄邦林和任洁老师对我语文的教导，与给予我快乐和帮助的朋友们。

谷雨柚子

2025 年 8 月 6 日于美国加州蒙特雷

第一辑

诗　选

一把椅子的思考

我可以放弃所有

唯一不能放弃的是我的生命

你的眉眼

蓝尾鸟般地放着光

吸收着一切自然的可能性

失败者是幸福的

因为以他的乐观精神

世间万物都可以成为他的乐趣

我思我在

我在我思

千古的问题

万里的长涉

房间里的第一把椅子

靠着墙壁斜坐着

日光穿越窗户的网打在白墙的阴影里

越看越着迷

好像迷失在

下午慵懒的紧迫感中

如果请生命坐下喝茶

那这把椅子

就成了客人手中的栀子花

愈绽放愈靠近死亡

愈靠近死亡愈绽放

于是

当你想放弃的时候

拿一把椅子坐下

喝口茶

以鸟儿飞翔的姿态将自己的过错

清零划掉

一切终将变好

一切终会是希望

04.19.2025

我不在乎

我不在乎自己的时间是多是少

只在乎与你一起的时光不虚无缥缈

我不在乎自己的芳华能留存多少

只在乎原野踏遍你还在我身旁

我不在乎今生遇见的人何处寻找

只在乎人群过后最后一眼在你的心房

我不在乎落花满地哪一朵曾经盛开

只在乎望穿秋水落叶间还存你的情怀

我不在乎渡口停留多少个船摆

只在乎岸的那边是你的等待

我不在乎潇潇细雨婉转了多少缠绵

只在乎暗夜里的幽香是你鼻尖散发的讯号

我不在乎梦的陀螺旋转了多少爱的彷徨

只在乎你的拥抱能够抵挡末日的荒凉

04.15.2025

大河和故乡

你的身体里有一条大河
澎湃了我所有的痴心与妄想
那条河里埋藏着无尽的悲伤和希望
触碰着的温柔
轻抚的忧伤

你的身体里有一个故乡
沉淀着我远去的理想与沧桑
那故乡里照看着
摇曳着的枝头
弥漫的水香

我的大河里有你没有放好的落寞信件
我的故乡里有你没有投递的旧简历
一刻一刻随着时间破碎、泛黄
一秒一秒随着尘土积压、膨胀
公路旁写下墓志铭般的记忆碑文
把活着作为唯一的生命信仰
把大地作为唯一的可靠家园
附着的吸引力

猖狂的平常心

我在努力

也只有努力

才能回到你的大河和故乡

的无限怀抱

也只有努力

才能抚平失去你的无垠痛楚

想象我在你的心上

还是心在你我之间平滑地移动

在这张属于我们未来的床上

忘记自我般地苛求

忘记明天般地歌唱

04.07.2025

明 天

温热是枕头上含泪的祈祷

我的苟活

我的负荷

我的离别

寒冷是脚底板冰刺的借口

你的沉沦

你的敷衍

你的城府

想要被理解的慰藉

多么难过

想要被放纵的拉扯

多么遥远

那做了一遍又一遍的清晨之梦

你靠近的声响

敲门的温柔

那回了一次又一次的家门口

我落下的冰草

掌心的花瓣

不想再那么痛

即使痛已成为甜的附产物

不想再那么忍
即使忍已成为欲的近义词
爱过之后
生活回到宁静的峡谷
伤过之后
爱情细数遗留的杂音
那张照片记录了反复蹂躏的笑颜
止战之殇溃败于友情的指南针
听说明天还会有写不完的音符
听说明天还会有阅不完的诗歌

04.01.2025

我还是没有忘记你

我还是没有忘记你
那天夕阳的残余
风波后的宁静
沙哑中的谜题

无是无中法则
有是有中唯一
现在推动明天
昨日遗留息叹

站在天桥上俯瞰
拥有贵族气质的循环
刹那间光华四射
你的样子
也清晰了

风有风之苦难
雨有雨之负债
这情谊像云溶解在活化石的草虫身体里

千年的梦幻

百年的尘埃

我还是没有忘记你

把你的赞赏吃进我心底不平衡的涟漪

过有过客之风度

常有常道之迷途

03.27.2025

残 渣

你胡子上的残渣
像掉了一地的烟灰
清晰又不明亮

老鼠的触须
触碰了警戒线上的响铃
你我的距离
短到可以比心
近到可以忘记
海的光芒
无比绵长
风度翩翩
又情谊相当

那天你的白色大衣
包裹了我的生死秘密
烟雾不再冷清
情绪不再封闭
生活之路上的石子
碾压了我的脚掌心

快乐的含义
不在高峰之时
也不在低谷后的平复
我不该去留恋
任何瞬息的感动

这些那些的期待和过往
随风去了
这些那些的回忆和创伤
尘一般散落
你隐藏起来的事实
唤醒我沉迷的晚梦
不安的鼾声
平息了气流阻碍胸腔的颠簸
你半夜的手掌
无语的呼唤
清晨的光亮
不舍的放好

我爱的那份不好不坏
我适应的那份刚刚好
现在是一片漆黑的
只有记忆中的气味
羞涩的胸膛
掌控了我的欲望

那纷纷的退却谦让

脸红的滚烫

受宠若惊的煎熬

放肆了你我彼此不变的信号

那个好像在重复自己的夜晚

给明天 予以坚实的

不抵不抗

01.27.2025

墙

当有一面墙阻挡你的时候

你是不是特别想要翻过去，看看墙的另一
边是什么

但是，当那面墙完全打开的时候，你却从
来没有兴趣知道

生活的范围，舒适的区域，安全的距离

这些都阻止了我们去探索更大的世界

你有没有发现

家旁边有个小店，路过了不知道多少次，
却从来不知道它是卖什么的

开车经过多少次相同的路

你却从来没有察觉那栋楼到底是哪个公司

一个餐厅就在学校旁边，却从来没有尝过
它的味道

习惯成自然，习惯让我们在固定的思维里
行动

比如总是做同样的运动，买同样的菜，走
同样的路

也许有时候，看似走了弯路，多花了时间，

却有意外的收获

　　看似舍近求远、择难避易，却学到了新的
东西

　　不是有人给你筑了面墙，阻挡了你的路途

　　而是你自己，把自己限制在有限的区域里

　　也许，尝试新的东西，你会发现生活的精彩，
复习很久没有看过的书，你会有新的体会，关
注身边平时不常去注意的事物，你会发现，其
实灵感很容易找到

　　那面墙，其实很快就可以被打破

01.17.2025

临界点

我们的世界是由临界点构成的
到达极限的质变
诗歌是高度觉知的结晶
也是一种哲学

朝霞与远山
大海与沙滩
都美得淋漓尽致
能看到变化
说明积累到了一定程度
心态是如此
性格是如此
体质更是如此

想要舒适
就要避开高峰
想要价值
就要另辟蹊径

站在临界点上
海里不是原来的水
鱼的胃里不是原来的米
分子却还是地球上的分子
只是换了排列组合
那些越过临界点的人
已经发现了自己的局限
却是可以被超越的范围
那一头
是好是坏
无从得知

01.12.2025

想你的时候

想你的时候

如冰刀扎进我的心

却无法感知 痛的程度

那天挂了电话之后

我泪流不止

摸不到两个人的孤独

找不到最真实的自我

你的沉默和并不存在的心意

不是错觉

忘记那天晚上辗转难眠

希望如繁花绽放又凋零

直到一切归于平静

湖面上的涟漪

用尽你思考的痕迹

被人衷心提醒

他不值得 你的努力

告白是一种借口

相恋是一种城府

何处去寻你 和你痴心的比拟
再见不知何月
是好友 还是友好的回应
是年龄差距 还是差距错过了年纪
用礼貌的客气来接待你
回味唇齿的爱恨绵延

那是我携带走云的拉扯
和你偷不走的 悄然小幸
还有机会吗
唱那首泛着寒意的歌
还有机会吗
看那部没有人读得懂的电影
还有机会吗
穿过无人光临的小店
兰花的叶子还渴望着喝水
饭菜的香味还吸引着过客

可你放弃了 每一次的机会
认识不到你
剧痛的喘息
这一刻别拿起笔
因为怕你画出美好的结局
没有满桌宴席 燕尾长裙
没有生的啼哭 夜长梦绝
把自由当作挡箭牌 乱呼其名

风流褪去 皱纹如山谷跌宕

是不是在笑自己

江湖上披荆斩棘

给你的格桑花 凝固住被寒冷的空气

直到我不去想你

就像我成为你人生中的一只无名鱼

直到我想的不是你

风中飘来了一败涂地的叹息

直到用尽水墨与宣纸

因为再多的提笔都描述不出愤勇的疮痍

这首诗无法写给你

能发出声音的话语已经说尽

是怪我接受了看似的好意

还是擅自把动情的权利交给自己

趁着睡意朦胧 时间过去

痛分散在肩胛骨的细胞中

只有会跳动的心 拼了命地想要证明点什么

想要告诉你

那不是爱情

把选择留给自己

何必去惋惜

本来命中无你

12.19.2024

得不到的永远在跳动

得不到的永远在跳动

当我最终能够
在脑海里构造出你
脸颊的轮廓
就像构建出数据模型
分析后
凋零
谁比谁的摆放更无序
无需相比拟
如果我有本领
强调黑色的含义
是头发的颜色
还是污点的造诣

并不清晰
你的心绪

12.08.2024

此刻是幸福的

此刻是幸福的

有始有终

有晴有缺

有爱有离

净土

没有一处

残缺的做为

那些恶的、不正的念

也不值得留在

这片土地

日光

聚满了草地上的

指南针

水里浮标

船的桨

停靠在睡梦苏醒时方好

也就自然而然地安静下来

酸痛的手臂

逐步添加的重量

催动

天空的图画

孩子的气息

点缀的光影

喘息还是流离

没有你的消息

我自在归一

12.06.2024

思念

思念
犹如月光下的一根弦
弹拨了朦胧海面上的
彩云间

阳光洒在加州秋叶上
就好像春天的新芽
我还未交给你的承诺
就像还未缝好的婚纱
爱在心里开花

满屋的柿子代表了夏季的雨水
浸润了干涸的毛发
是大地允许我跳舞
献给芳华一场
昨夜的灯火交织明灭
像诗一样的我
拥有诗意的生活
起一个带着笑意的名字

你细微表情下的
沮丧
经过堵塞的路口
前方就是通道

12.03.2024

我以为

我以为你

是爱我的那阵晚风

就像以为

星座的奥秘 早已为我规划好努力方向

只需一把钥匙为你

打开未来之门

捕捉下一分钟的笑脸和温柔

就像在一秒钟内我就会遗忘

你脑海中带有迷迭香意味的联想

12.01.2024

界

去年科罗拉多的冬天

风雪

颠沛流离

我暗自努力

在每一个想你的夜里

星星也为我哭泣

我右手腕上的吻痕

是去年夏天风的嘶吼

爱啊

它摸不到的 在哪里

我以为你答应过的

会实现

我以为你随口一提的

是行动

可我不会将失落的勇气放进抽屉

知道你能做的

已经是最好

最初的那一句问候

只不过是想要凑近的技巧

捧腹一笑

你要的刚刚好

都成碑上纹

铺满了花朵的草坪和酒

这一界

不与那一界 有太多相关

今年寒冷的加州海岸

沙尘

也在呼喊

我去无极世界狂欢

11.09.2024

特别的剧本

还有什么理由去浪费时间
你嘲笑我死去的书本
堆积起的灰
渲染了白纸上的墨痕

创作是矛盾个体的产物
想要做一个特别的人
一个特别的剧作家
写平日里翻不透的剧本
记得桃花源的暗恋
精彩纷呈却让人心痛

卑微
站不住脚的高尚
下雪日子里的热茶
亲戚朋友的祷告
打算把拥有的填满再倾倒
喝一壶水
再忘记咖啡的苦恼

醉汉脖子上挂着的血淋淋的鸭子

叫嚷着

如果你阅后能有微笑

我也会和你一起大喊

还有什么烦恼

因为所在乎的都已不重要

11.07.2024

生命[*]

生命持续在倒数

从生的那一刻起

从啼哭的那一刻起

就在走向死亡

请问活着的意义

亦在曾经

往事曲折 现实凄离

活成惟一 目的已去

我在这里 也只有此刻这里

才有感觉 才有行为 才有一切

不问那些坏与习性

云层里你的风衣

挂着雨滴的痕迹

我撤离 我撤离

06.24.2024

* 2025 年第五届纽约法拉盛诗歌节入围作品

巨人

当巨人重新站起来的时候
看到了脚底下的一片尘埃
他无法把过去忘记
直到小矮人的家的屋顶盖好
把冬天的棉被铺好
等着小松鼠的拜访

拥有此刻
你就拥有了全世界

水面是亮晶晶的
在阳光的照射下
礁石卷起海浪
啪啪作响

我刚好在你来的方向
不知所往

03.14.2024

灯 塔

是谁在灯塔上瞭望
我的故乡
是谁在窗台前梳妆
我的情调

我隐于人海
千里之外
泪水依风而落

我的心
沉恋忘返

也许你会知道
什么是明天的希望
和今日的苦恼

03.12.2024

别人的天长地久

有一种宁静的情怀 叫聆听

有一种惆怅的迷茫 叫诉说

有一种低调的关怀 叫存在

我劝你剪下新枝发现断裂的美丽

而你却摆摆手走掉不去回应刚来的回音

把老画捧在手中擦拭

你说，快买下窗背后的阴影

（我把它当作光明）

还是玫瑰带刺

我在听

愿你能拥有

别人的天长地久

11.04.2023

空

如果能找到空的境界
我该去哪里
以身体和内心的力量

住在充满花的街道
把一切的一切变成瞬息
时有高尚的灵魂
进入短暂的生命

从活法中学习
窗户纸撕下有尽的悲伤和烦恼
然后 在冥想时
寻找解脱

08.30.2023

领悟

在意想不到的地方
遇见最特别的人
是否也是一种幸运

注定匿名后不见身影
是否才是最珍贵的回忆

在空暇的心情里前进
是否才有领悟到过去的痕迹

04.16.2021

冰冷

假如世界可以从头来过

我们的时间

是否也可以循环

生命中的所有遇见

都是期待和祝福

明天的雪

会在后天的窗台融化

然后结下

最深厚的冰冷

11.14.2020

旅客

派克峰下的日落
在时间潮水里
漂泊

先做看风景的旅客
而后原谅生活

06.16.2020

远山

神秘的远山
当你流下泪的时候
还在乎人世间的种种烦恼吗

05.15.2020

雪之四首

（一）

你睫毛上沾着雪花
空气都变得清新
大地都变得雪白
世界都变得轻盈

读不懂你的语言
就像读不懂的德语
反复聆听

深呼吸——
就忘记乌龟也会慢跑
列表也不会分开

我的雪天亮晶晶
你的太阳在哪里

（二）

午夜零点

图书馆出来

看到雪里自己的脚印

像是侵犯了神圣之地

白色大地上人影攒动

这个点了

这么冷了

还聊得这么热乎呢……

回家吧

别去破坏

这尚好的白雪

起风了

雪籽如沙

又盖过未铺上水泥的人行道

再戴一宿吧

我的白帽

教堂的钟声如是说

室内的风扇又呼呼转了起来

好像忘记了

刚渗入脚尖的寒颤

（三）

一张懒散的白纸

笑了

那一秒内——

每千分之一秒时

有一滴泪落下

恐惧

　伴随着他的面具

　拽着躯体的壳

无声地

呐喊

"我在这儿，

　你看见了吗"

（四）

我，
掉了一地
碎片，吱哑着
哭喊

世界是空的
像宁静的雪
被脚步压得紧实
踏踏实实的
不化

去听——
午后的间隙
就不忙
也不慌乱

11.10.2019

周末随想

山杨树像风铃

沙沙沙沙

叶子已枯黄

即将坠落

左边这棵已没有

　什么残叶

有些叶子是一簇簇的

好像从一根枝上发出来

远方有同学的笑声

从山径回来

这棵树没有那么复杂

有一种动的美感

想起邻居的爸爸

带着三个娃

这旅行是孤单的

在几处枝叶繁茂处
有最大的声响

不是个好读者
或许会是个好诗人

10.26.2019

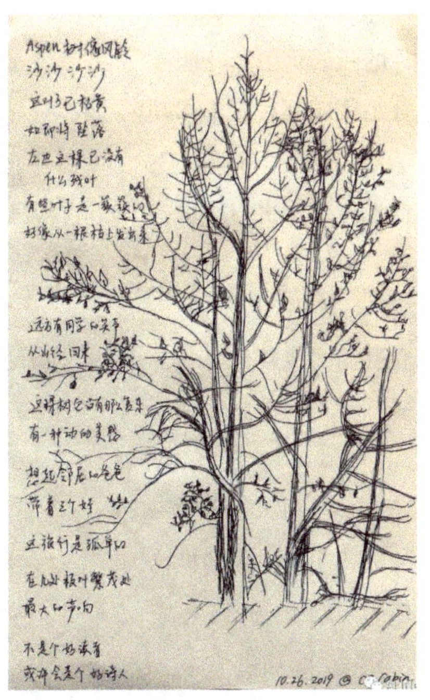

异种生物 *

戴上手套
把你托起
你的身体沉甸殷实
轮廓分明

你的弧线可围起花园
每个区域都栽着不同颜色的花

你也是个反重力的生物
头重脚轻

我试图去了解你
一项重要的使命

云
变成我想象中你的模样
然后问题——

————————

* 指大脑。

你的模样是由我造就
还是你在我体内
创造出我眼中的你
如果你像云一样多变
那是否我此刻创造的你
并不是真正的你

原来你是异种生物
我无法承认你的怪异
虽然这一点足够令人着迷
如同我无法承认
异类的自己

但这有什么去计较的呢

因为在异种生物的世界里——
我不是我
你不是你

但你是我
我也是你

09.23.2019

圆满隔裂 *

醉在月光下
天气转凉
颤栗

打开 VPN
熟悉的音乐
像回到家一样

没有圆桌
不需要人提醒
节日——
过了就好

披上小棉袄，
把心裹牢

回忆欺骗你。

---

* 写于 2019 年中秋节。

孤独——

是两条腿一颗心

飞去黑暗的角落里

跟着月亮走

不知是你跟着月亮

还是月亮跟着你

09.20.2019

锥体细胞

我是锥体神经细胞

喜欢流浪——

穿过茂密的丛林

树突联结轴突

召集了云朵

雨滴缤纷落下

浸紫了湖海

我把时间当作跑道

即使每一秒都在倒计时

——也不嫌短

因为人的一秒是我的千年

足够绕地球两千圈

路途上

汗水里

有我激情的电流

轻轻触碰开关

就会释放出神经递质
缓慢
　　——却磅礴

但大部分的时候，
我是丛林里的一棵树
叶子
　是树的羽毛
　　在树突的枝干上——
　茂盛
生长

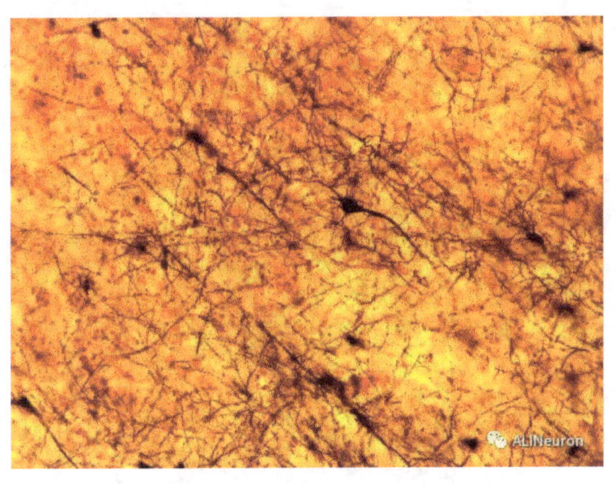

当影子把日落给了你
你能亲吻我
藏在海马体里最后的呼吸

我肌肤上厚重的脂肪
被分解——
然后缓慢地
消失于地平线里

那一刻
没有悲伤
只有轻微的刺痛
当最后一个囊泡被释放

最后一支羽毛散落——
这是意识诉说
我无法再飞翔的消息

……

散裂的核酸篆刻了我的墓碑
——没有名字
麻木的掌心试图托住我残留的思绪

人类文字里
——没有我
却也许有我传递过的记忆

09.07.2019

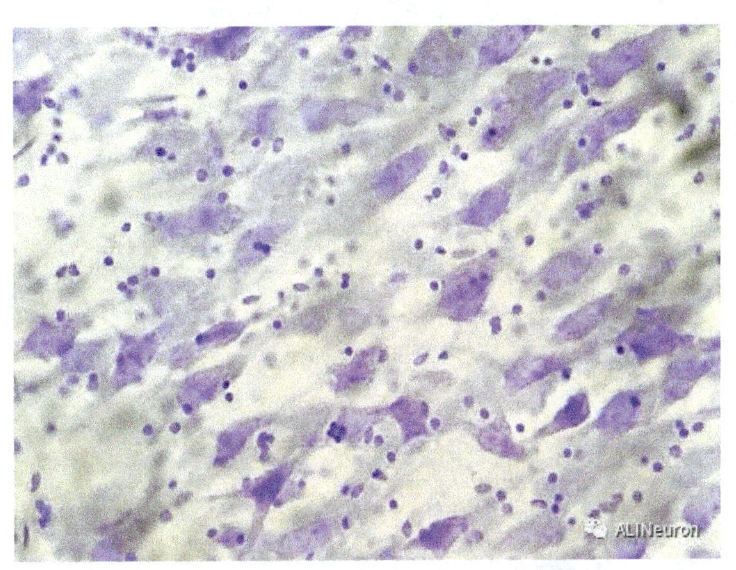

ALINeuron

七点（外三首）

（一）

七点
街上的流浪汉还露出两条腿酣睡
早餐店就已经坐了数十来人
墨西哥辣椒配热巧克力
日夜颠倒已不重要

云斑驳在山间的倒影
是阳光带来希望的信号

（二）

朝北的房间

两个人共享的寂寞

却如此让人安心

这将会是我们的小天地

与外界的嘈杂隔绝

还好我没有放弃你

好像与你的相遇命中注定

（三）

最后或许是有意义的——
最后的晚餐
最后的拥抱
最后的告别

眼泪
是临别的礼物

沐浴露用完了
可以重新制造
一个人死去了
分子不重来

（四）

等待
是苦的

夜晚
是忧虑的

情绪
是真的

新闻

是不眠的

中国的希望呢
是擦掉血的痕迹
再去塑造一代人吗
——还是像石头一样
从沙子缓慢地凝聚
再一点点地消失

如果事物是命中注定的
——那改变也是命中注定的吗

08.20.2019

窗台 *

窗台饥渴地盼望着雨天
这样它就可以锁住里面的人
留住一杯咖啡和一本书的
一个下午

十岁的布偶熊
仍然在床头微笑
四岁的塔罗酱
盯着来客
　——理他的发

草像新生儿的头发
歪歪地酣睡在大地上

---

* 背景：夏季是深圳的雨季，有时一下一整天，不下雨的时候，气候湿热，走在外面浑身都是热水气，就像在蒸桑拿一样。回家是回顾过去的自己到今天的变化。也许我不一定期待下一次回"家"，但对家的念想给我希望，告诉我家不是后退，也许是目标，达到目标后，也许家就不是过去的意思了。

看似慵懒的阳光
实则滚烫如桑拿
草儿汗流不止
喊着热呀——热呀

倒数的时间
不轻盈也过得慢
再熟悉的湿热
也会在记忆里模糊
再流不尽的汗水
也会在裤腿凝固

家的念想
是一筷子不带刺的薄皮鱼
也是五十年老茶——
都解不了的焦虑

雨停了
透过寂寞的窗台
我
与静止的时间
盼望着
下一场雨

08.04.2019

家·游在时间流里

游在时间流里
像只红点鲑一样执著地
盼着最远的目的地

她递给我一瓶可乐
　说——
　　希望每天都能像七月四号的烟花一样
　　灿烂

可来来去去
　少时彩虹
　多时雷雨

"我不在乎你成就高低
只希望你心安理得"

得到与失去
在时间流里
似乎少了点重要性

——像子弹穿过动车组
然后各自继续前行

前行前行
却突然分不清
家在哪里

也许我不需要分清
像这茶水的表面可高可低
家在前头或者后头
你给它倾注新的能量
它就在前头
你若是对它失去信心
它就被遗忘在后面
成为无法被改变的过去

07.14.2019

Hike The Manitou Incline

It sounds terrifying
Don't look up it's frustrating
Don't look down it's intimidating
It sounds terrifying in the beginning
People die there they say
They say don't do it
But she kept me going

It's hot outside
It's 87 degree
It's the fierce Colorado sun
The water is heavy
My backpack feels like wet cloth
I can't see the end
I can only see the false summit
I can see the trailhead
Which only tells me I'm not anywhere close
But she kept me going
It's not the fact that you did it

It's how you did it
It's how you calm down the terrifying
peacefully
It's how you take each step slowly,
but wisely

07.09.2019

你像从混乱中走出一样

你像从混乱中走出一样——
火焰燃烧着泪痕
放肆地割虐着生的迹象

他说这一切并没有太大差别
边界线不过是警告的摆设
跨越不过是从交互文件到眼神相遇的瞬间
我从哪里来 到哪里去
只是为了摆脱停滞于现在的恐惧

走到新的混乱里去——
你试图维持秩序
试图用列表塞满新的边界
以圈制脑海里的杂音

旧的界限早已被蹂躏得参差不齐
失去了当初设计者永恒的目的
于是生似乎等于选择逝去的可能
正，便也成了负性

燃烧吧，生命——

即使它无法把最终的自己平衡为零

即使它一开始就计划好

向一个不可逾越的界限靠近

即使它每一秒，都向着死亡奔去

06.23.2019

四月 *

四月寒风飘雪
绿树枝头新叶
窗内春冬交替
生命逆反回旋

一年去似瞬间
改变毅然不歇
岁月不做加减
距离不懂挂念

理解超越语言
情感静时浮现
恕我穷在字符
行动迟于思维

因为无人完美
才会互相懂得

---

* 四月是爸爸的生日，这首诗写给爸爸，感谢他的陪伴、支持和理解。

因为时间延续
才会有所察觉：
变化的生命中
你是其中不变

有这一点可能
本就足够幸福

04.13.2019

岩石

披上一层白衣

我是雪中的沉积石

让寒冷裹住一点点被侵蚀的皮肤

坚立不倒 令人敬仰

我是被忽略的风景

仅值得短暂的屏息

03.23.2019

你还记得吗

你还记得吗

漫天的星星

松软的泥土

和飞扬的沙

前方并不协调的裂隙

是大地颤抖的痕迹吗

我身在哪儿

我身在哪儿

你还记得吗

彩色的铅笔

倔强的步伐

和暖人的日照

迎面袭来的风

是天空挣扎的力量吗

我身在哪儿

我身在哪儿

你还记得吗

亿万年前的潮水

堆垒起沉甸的沙山

不懈地前进着

它时刻在石缝中的印记

是时间留下的墨痕吗

我身在哪儿

我身在哪儿

03.08.2019

雪

雪在飘

强烈而温柔

它是雨变来的小恶魔

试图把你困在房间

你看着它在风中狂舞

迎风它直袭你的脸颊

它是如此细微的存在

你的温度让它消失不见

掌心里

留下的

是它寒冷的泪

01.18.2019

头脑——比天空更宽广 *

头脑——比天空更宽广

这两者相比

一个囊括另一个

轻松地——还有你——被包含其中

头脑比大海更深测，

对比他们，蔚与蓝

一个被另一个吸收

就像海绵，和水桶一样

头脑与主分量相当，

两者相称一磅对一磅

而他们的差别——如果有的话——

就如同在区分声与音节一样

07.01.2018

---

* 译自 Emily Dickinson "The Brain is wider than the Sky"

Love

Love—

A level of passion; its form words can't bear

A source of energy; it flows without barriers

Even if it is sometimes forgotten

It will always rise again in one form or

another

When it is gradually instilled into one's core

One becomes its manifestation.

Stay with who you are—

You may end up saving someone, without

even realizing.

爱——

一种语言无法承载的激情

一种超越一切边际的能量

即使它时常被遗忘

却总是以一种或另一种形式重新出现

然后当它逐渐流入到一个人的内心

那个人便成为了它的体现

做你自己吧——

因为你可能就在无意间，拯救了一个人

04.15.2018

黑夜

黑夜使人紧张
怕没有人为你把灯点亮

我看见你眼里的光
发现你清朗的眉上
写着快乐
含着忧伤

谁会为你开一扇天窗
把乌云的金边缝合上
此时此刻
你所想的人
是否也在无谓地慌张

时间流淌
音乐声中
我的思潮被黑夜带向了何方

03.08.2018

乘客

"高架桥过去了 /
路口还有好多个"
"So I'm going home/
I must hurry home/
So will my life go on"

我又一次在梦里与你交谈
像是在填补现实世界的空白
不 那并不是我生命中所谓的空白
只是有一种想法在寻找和探索
所谓安宁的时间到底有多长

压制住的是在白天
因高昂的机会成本
只是愿望还是会
在没有被精确安排好的
时间间隙中跳出来
影响对未来的决断
打破了原有的计划

这些突然的灵光一闪
无论它是否属于灵的范畴
都好似是给感觉
贴上了感性认识的标签
却好奇其中存在逻辑的奥秘
看似非理性的现象
是否依旧在精神世界中
被那看不见的因果和定律之手拨弄

你摁着太阳穴
想不明白
视觉阻碍了对光的感知
对真的感知
感觉掩盖了事实
凡事只看到一面
你希望这个世界以另一种方式前进
而不是在还未找到方向前无所适从
如果用一贯研究科学的态度
研究思考与认知
或许很难解答这个命题
或许只有当自我与躯体分离的时候
关系才会变得更清晰
或许我们才能理解死亡意味着什么
但困难的是
我们只能在生与死之间选择其一

甚至只能在思考与停止思考中选择其一

而前者更为短暂

这将会是一条漫长的路

"这旅途不曲折"

我不是唯一的

赶着回家的乘客

07.11.2017

请让黑暗拥抱你，我的城市

请让黑暗拥抱你
我的城市
没有夜晚的城市

无法被冰镇的寂寥
像火燃烧
无法被满足的饥渴
笑颜欢唱
坠入理性撒下的网
记忆的碎片
在梦境的洪水里翻滚
像无数块救生板向远方漂荡
想抓 却抓不着
有光 却看不到

请让黑暗拥抱你
我的城市
你给予了太多的渴望
无法满足的期待

是挣扎 是冲突
是畏缩 是退让
我的城市
请你原谅人的构造
他本不是机器
他的细腻
无法用数字表达
他的思想
如天气一样
冷冷暖暖
雨雨晴晴

请让黑暗拥抱你
我的城市
不是我的世界里不需要颜色
是你在颜色的世界里看不到我
因为我
是所有的颜色
是所有的光
光 为黑暗所造

我的城市
希望你能在黑暗里
忘记你五颜六色的梦
人们的梦

和人们子孙的梦

也许因为

只有这样

我才能够成为被你发现的颜色

从黑暗中分离出的颜色

从黑暗中挣脱出来的光

我的城市啊

今夜

愿黑暗的拥抱

孕育出你新的光

06.10.2017

小鸟

图书馆里

惊慌失措的小鸟迷了路

它看不清哪里是出口

于是只好

跌跌撞撞

在狭小的缝隙里穿行

一次又一次 尝试飞起

光明给了它希望

却发现是玻璃设下的陷阱

它忧心忡忡

却早已精疲力尽

可是它无法停歇

因为人类的气息让它恐惧

他们的行动总是无法预知

它逐渐被恐惧包围

停止了移动

在桌下的阴影里颤抖

心 隐隐作痛

当一个大网铺天盖地地卷来时
它甚至没有来得及挣脱
眼里早已失去了活力
任凭自己被黑暗死死捆绑
微弱的呻吟
残余的气力

很久很久
它以为自己落入一个深的梦境
身边是熟悉的土壤
一切真实得不像是梦
它仿佛听到远处有伙伴熙熙攘攘
闻到树叶的芬芳
没有黑暗 也没有大网
可是它仍然动弹不得
生怕落入重复的陷阱
宁愿逗留于虚世的幻念

暖意渗透在四周的空气里
被清新的风灌输到全身的血液
一瞬间
它的脑海里闪现跃跃欲试的想法
也许这一次不会再迷失
也许梦终于变为了现实
……

不经意间

世界转变了

两个由玻璃相隔的世界

它也许没有意识到

解脱困境的路

并不是独自走出来的

很多时候

化解困难的不是方法

而是理解和善意

缩短距离的不是相似

而是在不同之中共存

05.04.2017

安家

花瓣飘落

余香萦绕

风吹乱了回忆

却吹不散忧伤

一人的身影消失在墙角

一曲新调开始弹唱

唱手里滑落的流沙

原谅世界对万物的变化

为何停止

为何不去打破冻结的河水

淌过刺骨的愁绪

找到那干涩而温热的打火石

再次驻地 安家

03.25.2017

躲在那条小船里

躲在那条小船里
没有人能够找到你
黑暗覆盖着你的眼
一点白光挤了进去

指向过往的路没有线索
你的灵魂却晓得
蜷伏回到那时
太狂野，太凶突，无法掌控

"我不记得那一天了，"你说
"我只是不想记得罢了。"
让微风拂去炎热和红肿
似一阵温暖，凉意趁虚直入

苍白的面孔，虚假的笑容，不露一丝愁容
野兽已被链条囚禁住
是时候安心了
没有眼泪，也没有碎裂的血管

11.01.2016

请听

请听
这秘密花园里传来的钢琴声
明媚了一个下午

我仿佛又看见
镜子里那个孩子的面庞
双眼澄澈
像一汪静水
凝聚了所有忧愁

我重新推开
那扇关闭经久的窗
等待眼前的迷雾散去
灰白的记忆在其中摇摆
直到与一片碎梦相逢

我仿佛看到梦中的自己
乘上一朵彩云
穿行在璀璨的星空

消失于地平线外的遥远国度

请听
这秘密花园里传来的钢琴声
明媚了一个下午

08.25.2016

Do Not Ask Where I Go

Do not ask where I go

I'm not wandering any more

Do not ask about my opinion

I'm not wondering any more

Ask the people if you want to know

What's right what's wrong and

what's real

The truth stands in the past no more

Today is the day I want to sing and

dance with you

Silence is my voice and stillness is my move

Take a look at the mountain

Look into my eyes you will find

what is real

That is what I feel

That is what I want you to feel

不要问我去向哪里

不要再问我去向哪里

因为我不再徘徊

不要再询问我的观点

因为我不再怀疑

请问别人吧如果你想知道

什么是对什么是错和什么是真

事实不再停留在过去

今天我只想和你一同歌舞

无声是我的嗓音 静止是我的舞步

请看一看那山景吧

再看着我的眼睛

你就会发现什么是真

那就是我感受到的

那就是我想让你感受到的

08.23.2016

生来孤独

在这长安街上
在这人生路上
我们生来孤独
我们生来彷徨
在这红月和迷雾中
爱到死去

08.15.2016

One Thousand Steps

Maybe you can see me
If I'm out there on the mountains
Like an ancient animal

There is a river between us
Narrow enough to be reached
In a thousand steps
One thousand steps
That seem like one thousand miles

I get a signal from the lighthouse
That a safe trip will be accomplished
So I wait, and wait, and wait
Until the river dries out
And houses spread

One day I see you on the deck
Watching the fading blue
Gradually encroached by the evening red

We still keep a good distance
With a thousand steps between
us But this time
You are on the mountains
And I close my eyes

一千步

也许你可以看见我
如果我在山头
像一个远古动物

我们之间有一条河
足够狭窄
可以用一千步趟过
这一千步
好似一千英里的路途

我在灯塔上收到一个信号
一个安全的旅程即将完成
于是我等啊，等啊，等啊
直到河水干枯
房屋遍布
有一天我看到你在甲板上

注视着蓝缓缓褪去

逐渐被傍晚的红吞噬

我们之间仍然保持着好一段距离

相隔一千步

只是这一次

你在山里头

而我闭上了眼

07.16.2016

Youth

You are playing with the youth
   And tell me time itself is mean
The wound in yesterday's battle
   Makes tomorrow's spirit bleed
Every breath you take might flee
   But life you lived won't leave
Will my prayer wander wildly
Into the breeze and be enslaved
   By midnight summer dream

青 春

你玩弄着青春年少

却告诉我时间残酷无情

昨天战争里的伤口

让明天的斗志鲜血流淌

你的呼吸可能溜走

但活过的生命永远驻留

我的祈祷会在微风中

无拘束地徜徉

并俘虏

被仲夏夜晚的梦

07.14.2016

寒

海上飘来的雾气簇拥着晨曦

厚重的风衣定义了炎炎的夏季

慵懒永远是晨起的闹铃

校园钟声及时擦过稀疏的脚印

当你不再渴望得到快乐的时候

你就在快乐之中

打开信任之门

爱，触手可及

谢谢，这暖暖的寒意

谢谢，这寂静的生命

07.01.2016

天地之间 人鸟之间

天地之间 人鸟之间

你何时才会懂我 像我试着懂你一样

我们一同注视着远方

又同时掩面

脚下的岩石也会让我们垂泪

我们时刻不离彼此

却好像永远保持着平行路线

你何时才能懂我

像那大海看穿我的一切

天地之间 你我之间

我揣测 我们之间的距离有多遥远

我用视线凝固的海平面

断了我们之间残余的平行线

破了海天之间唯一的相交面

天地之间，我与你的连接

像一片被风吹离枝干的树叶

03.31.2016

月之三首

（一）

是今夜的月圆一圈
将我的悲哀连成一首无声的歌

（二）

昨晚的月
昨夜的花
与无止尽的路

（三）

我在沙滩上留下脚印
像孩子一样匍匐前进
把沙子垒成城堡的模样
再腾个空间
把自己的心　住进去

可还是到了日落时间

回过头去
是月
长大了的月
它好像在说
继续流浪吧
别回头
我一直在这里
不悲 也不喜

02.21.2016

愿点起一盏爱的灯

愿点起一盏爱的灯

作你的黄色引路人

路途崎岖坎坷

日出光影依旧

日落夕阳金边

孩子走在沙滩上

旋石落入鱼的嘴

咽了它的喉咙

所以鱼

忘了怎么唱歌

远方小岛上的琴

和了海风

人鱼的发

垂落在海边礁石上

她说

我们的距离

美如这诗中的画

01.19.2016

乡 思

万丈潮水退去后的沙滩和海

不言也会明白彼此的存在

品尝这咸咸的告别的滋味

浅踩那动情的即逝的永恒

浪声风声人与鸟的脚印

阳光蔚蓝聚与散的旅程

岸这一边暖冬的花开

岸另一边隐婉的思念

像水一样宽阔无边

像海一样容纳一切

繁喧过后幽暗的幻灭

并不就此终结

10.19.2015

油 画

你说生命像一幅油画
把所有的回忆都揉进了那粘稠的染剂里
我却把它看作一幅水彩
蘸着颜料的笔
摁下去 了无痕迹

10.16.2015

Realization

It suddenly occurs to me

As if a star suddenly drops on my head

闪 悟

我好像突然意识到了
像一个星星落到了脑袋上

08.23.2015

第二辑

散　文

纽约诗歌节小记

西班牙语考试结束，吃午餐，本来想看 Pebble Beach 的海，但因为餐厅装修，都在停业。在从纽约回来的飞机上思考了许多。从这次诗歌节的收获，到学习关于快乐与焦虑的知识的感悟。

虽然已经预先知道了诗歌比赛的结果，但还是为认识中文诗歌社群的人而感到无比欣慰。

我希望我的文字能够引发读者对生活的思考和共鸣，以及某一句话能够触动某人的心灵而流下感动的泪水。这是一个长远的目标。

我同意我们应该回到诗歌本身，而不是一味追求那些浮夸的仪式。AI 与人创作的最大区别是人有独特的经历、家庭、人际关系，以及创作与思考的时间和过程。可以说，一切不通过时间沉淀的艺术都不是成熟的。

　　我们可以通过增加对生活的掌控能力获得快乐，比如想做什么的时候就能够做什么，与谁一起做，用什么方式去做。

　　心理学研究告诉我们，对抗压力的五个要素在于：良好的睡眠、健康的饮食、良好的人际关系、适量的运动、以及对生活拥有一定程度上的掌控力或是在某一个方面做得较为突出。

　　焦虑的源头在于我们总是担心事情最坏的可能性会发生，比如考试不及格、飞机失事、车祸、钱包被偷、世界末日来临等等。这种担心与忧虑与恐惧不同的地方在于它是持续的，不是在短时间内能够化解的。

　　为什么我们不多想想如果最好的情况会发生呢？

04.14.2025

片 段

　　当你的双眼有挫败感的时候，我的孤独就分担到了你的肩膀上，不屈不饶，不卑不亢。这一世没有太多的纠缠，一路上，花开月圆，笑容常在。你走过的路在我的记忆中弥漫开来，满地的绿色充斥着爱的斑斓。今天是最好的，此刻是幸福的。

　　冬天是你手心的吻痕结冰时候的模样，我在春天等你，好像寒冬永远不会过去，你永远不会回来，就像夏天的风永远无法理解秋日的落寞风景，我爱你离去的背影，就像那天你的耳边，传来她电话铃声的悲戚。

03.28.2025

云雾

　　云雾之下，沧海之间。风也平息，花也宁静。穿过幽然的风景，我不再在意别离。世俗的关系，如歌的情谊，都是恍惚间，你在河岸旁挣扎的倒影。那伴随着日光的云雾，天生就把朦胧的头纱披在身上，包裹着空气般轻柔的乐音，好像在弹奏一曲，风的街道的怅然流离。瞥见了云雾的关怀，我忘记了，想要得到什么的渴望，弹指一瞬间，我就领了你的心意，如一张泡泡纸，崩裂的声响，也崩塌了我心中万分的骄傲。这一世没有太多的寻常，我又何必为所谓得不到的妄想而煎熬。持续产出的热情，和挡不住也降不了的耳边杂音。与其默默等待美好，不如像云雾一样，释放太阳的光芒。那被照耀着的大地，闪着金光和希望。你的一切都被云雾知晓，这荒凉的信号，磨不来忠诚得以牢靠，忘不了今生婆娑佛前祷告。这好似云雾般的愿望，飘飘渺渺。在一个风和日丽的早晨，我又来到漆着晨光的厨房，随意的风景依旧不凌乱，邻居街坊依旧排列整齐。这今世

不变的，大海和风浪，树木和蜂鸟，这总是向着阳的，
绿叶和花草，天台和纱窗。有太多的疯狂需要考量，
也有太多的忧愁需要被安放。

01.21.2025

对死亡的思考

　　进行了对死亡的思考，我们才能更好地活着。从小到大我们的认知中有爱的教育、生活的哲理及为人处事，却没有一门课是关于死亡的。每天谈论死亡的地方有，比如战场、灾难、医院、监狱。我们习惯于把所有生的事物比喻成积极的、正面的，而一切关于死亡的事件是消极的和需要忌讳的。这就导致了我们更加避免谈论死亡。

　　死亡既不是解脱，也不应该被恐惧。人固有一死，但生死是相对的，只有活着的人才有死的认知，已经死去的人是不会有活人的想法的。与其把生死作为正反义词，不如把它俩看作生命的两种极端状态，在两个极端之间，可以有很多种方式活着，导致每个人对生命的体验也全然不一样。这世界上没有绝对的平等，一个人出生时的很多先天条件，其实很大意义上决定了这个人能活多久。

　　与其问为什么要谈论死亡，不如问为什么不谈论死亡。谁又能真正对死亡抱有不批判也不抗衡的态度呢。也许活着的时候，抱有解决问题的心态，使自己在一个相对平稳舒适的状态中，可能当我们在真正面对死亡的时候，就像面对一场大考一样，也能安然渡过，并给上帝留下一张满意的答卷。

01.19.2025

心经和相应思考

　　第一次接触到心经，是在美国疫情最严重的时候，学校早已关闭上网课，一人留在科罗拉多，然后飞到了加州。一些不太如意的经历，影响了心理的安全感和平衡。心经的唱诵给人带来一种超乎寻常的平静的感觉。

　　感受意念的存在就像在玩夹娃娃机一样，抓紧了就要松开，不要期待每回都可以夹上一个娃娃。所谓万事万物皆有空性，通过感官接收到的信息也都是空，包括"感受、思想、意志、心识"。理解这个概念之后就能发现，我们日常生活中的所有心理活动、对人对事的看法、情绪的波动，都不应该对我们的本性内核产生影响，因为它们都不是真实存在的。说这条定律能去除一切痛苦并不为过。般若的意思为智慧，并不是后天的智力，而是一切善的本源，波罗蜜多意为到达彼岸或者渡过，修行后逃离轮回苦海的结果。五蕴的意思为五种积聚的事物。舍利子是释迦摩尼的十大弟子之一，是智慧的象征。空并不是指空荡虚无的意思，而是指事物不稳定、不长久的幻象。空的存在是相对于色的存在而存在的。

拥有好的状态，比拥有大把时间更重要。不熬夜，不贪睡。不嗜食，不忍饥。你有没有发现，在疲倦、劳累、焦虑、烦躁的时候，做什么事都静不下心，都无法集中注意力，但休息好的时候，却可以事半功倍。学习小猫、小狗、小猪、小鱼，把觅食和睡觉放在首位。在人身体机能平衡的时候，心态也会自然安定，不会轻举妄动、易怒易燥。

反复咀嚼心经智慧，从古代经文中找寻人探索世界的本真过程。为何没有在学校的时候学习这些佛理，是否学习后会对生活中经历的挫折有更好的解读？但也不沮丧在最需要的时候遇到它。命中有时自会有，命中无时不强求。紧迫感是自己给自己的，学习大智慧的目的无非还是回到生活本身，在灾难和难以把控的事件面前做到不卑不亢。

01.08.2025

大海

早晨起床看大海。这条风景路，看了有不下几十遍，潮起潮落，惊涛拍岸。路的尽头，是悬崖，海的尽头，是沙漠。听那咆哮的水花，激流冲上又退下。后面没有车子跟随。看海鸟仰望大水的情怀，今夜没有无眠的梦臆。

那一天，雪花未落，蜂鸟未食。车子未打火，飞机未启航。那一天，我失去了紧紧抱住你的勇气，失去了为你流泪的感动，也失去了送你回家的力气。

教育一直要求我们更快、更高、更强，却没有让我们学会慢下来、深呼吸、放轻松。

无人的海滩，一人坚守的清欢，放肆自律的逃窜，我的峰峦。这一圈绕得有点远，是近是远，不如站高看远，舍骄弃昂。

由此学会表达善意和感恩，一天天是神的恩赐、自然的馈赠。物种间也有频繁的竞争，看似无忧的他人也深藏秘密和曲折。不愿轻易说再见，跟这个世界作告别，但跟昨天的自己说，我初心未变。如何把细节调整成战略，换一个角度，能够获得不一样的心境。

　　总有人在支持着你，无论你自认为是好、是不足、是失败、是成功。总有人发现你的不懈，没有掌声的练习，为了谁，是社会、是身心、是他人、也是宇宙神灵。

　　他们说海誓山盟，看似永恒。他们说苦尽甘来，持有信念。观察外界的千变万化，才知道心中有一处房间，总是保留着原来的样子。异乡里，感受不异，外月下，同光亦照。

　　树下菩提，觉悟通慧。行行走走，遇才见佳。舍劣求精，嫌杂赴简。立座右铭，留千古句。

　　赶着繁忙的间隙，再小作。把这里当成家乡，怡然情操伴随着悠哉好生活，晃晃悠悠一年过去，赶着节日的生气，装点飞鸟虫鱼。意起意落，展望新一年的忙碌与平和。迎接新的知识、体感、经验、和连接，给生命之河点缀不一样的理想和行动。开始吧，不要再被压力抑制和消耗，不要再被内卷圈制和打压。没有人能够看破红尘，没有人能够事事完美。当你被足够看见，你就足够幸福。

12.22.2024

燃烧

我们的生命要像烈火一样燃烧，才对得起祖先留给我们的内心热量。

11.26.2024

春游

　　想写一些关于这次春假旅行的片段，却欲笔又止，是因为过去的回不去，未来又无可触及，而卡在了某一个并不存在的时间点吗？这个时间点，人们把它叫做——现在。

　　我想用过去回到现在。

　　脑海中的第一个画面是鲍威尔湖边，这次公路野营旅行的倒数第二个晚上，没有任何预告的风沙伴随着夜晚的来临，打破了原先晚餐的计划。眼看着沙尘随着阵阵寒风像波浪般连绵起伏，帐篷的支架被吹

弯变形接近地面没有任何复原的迹象，我们躲进了车里开始等待。似乎是前面九天经历的所有挫折和不满在这一时刻堆积了起来，即使是经历过了两天前死亡谷更猛烈的沙尘暴，大多数的我们对最后一晚的露营心生惶恐，有信号的人开始搜查第二天目的地的天气和回学校的里程，希望能用预计到的风雨和寒冷的气温说服领队直接开车回家，减少一晚上在外的露营，似乎给了我们一些可以早点回家的希望。过了一两个小时，到了饭点，风沙继续丝毫没有停止的迹象，车里的人开始讨论吃不生火的晚餐，更加对早一天回学校达成了共识。

即使过去的经历已经被证明是能够克服的，想象未来会重复过去的事实，特别是生活在计划中接近转机却还没到转机，而且是在我们自认为可以用自由意志去做出改变的时候，这种对未来负面的设想带来的恐惧是最大的，这种恐惧让我们一瞬间失去坚强的自我，想方设法提前躲进自己想象中的舒适。

只有一个人从头到尾没有进入车里，Ula 靠着车门，在风沙里等待。Ula 是我们的领队之一，她对做不生火的三明治晚餐的提议没有回答，对我们想早一天回家的建议没有采纳。眼看帐篷的支架继续保持贴地面 20 度，浪花般的沙子在风中狂舞，有人从车里探出头试探 Ula 对晚餐的想法，而她的回答不带一点焦灼：等这风沙缓和下来做晚餐。

我本以为今晚这场风沙是不会停止的。从回营地到开火做饭的两个多小时，这种想法一刻都没有远离过我的脑海。直到某一个时刻我突然感到风缓和了下来，来的那么突然，像是给我对今晚的持续恶劣天气的设想狠狠地划出了一道缝。我本以为不会改变的，在往好的方向改变。下一分钟，我的嘴里是蒜香和着酱汁豆腐的柔软伴随着沙子的咯吱作响从腮帮里有节奏地传出。

……………………………

我庆幸没有提前回家。像是我从最寒冷的那一夜的短暂的梦里醒来时，庆幸自己没有像在梦里一样退缩。最后一晚不但没有想象中的寒冷，而且留下机会让我们围着篝火感激这次同行的每一个人，自己也被他人的评价深深地感动。

有趣的事有两种，一种是在经历的时候就令人愉快，比如在温暖的天气里去沙滩，另一种是在经历的过程中有很令人难受的部分，但回想起来，却是那么的有意思。

　　这次十一天的公路野营旅行，可能绝大部分属于第二种的有趣。而掺杂其中的快乐，像是加州贝克斯菲尔德的橘子一样，甜甜的，在我的回忆里闪闪发亮。

　　……………………………

　　未来好像绝大多数时候跟设想的不一样。

　　变化是唯一的不变呢。

　　……………………………

　　我用过去回到现在了吗？

03.24.2019

Bubble

We all live in our bubbles, running, looking, and hesitating. The bubble is our world. It shapes us; we shape it. No matter where we go, the bubble controls our thinking. And we ask: is the reality we see the truth, or is our imagination really a lie?

泡 泡

我们每个人都生活在自己的泡泡里，奔跑着，张望着，踌躇着。这个泡泡就是我们的世界，它塑造了我们，我们也在改变着它。无论我们身处何方，这个泡泡总是控制着我们的思维。于是问：我们看到的现实是否真的是事实，我们的想象是否总是虚无缥缈。

03.18.2017

天堂的逗留

浪与海，就像鸟与湖，一动一静，结成最和谐的统一。

海湾边，少女透过窗，面对那永不停歇的浪潮，沉思。除了"美"，她找不到另一个能够概括眼前景象的字。

往前走几步就是沙滩，沙滩很长，寒风刺骨，裹着羽绒棉衣，也几乎无法抵抗乘虚而入的凉意，但即便如此，也无法阻止当地海湾的居民驾着车，带着孩子和心爱的狗，来感触沙滩的柔软，倾听大海的哼吟。

少女跟随着地上一串串大大小小的狗的脚印和它们主人的脚印，就好像是在寻找她自己牵着自家的小宠物刚刚奔跑而过留下的足迹，她的眼前浮现出各种体型、模样的小狗，又好像把自己当成了其中的一员，用它们的语言描述着自己此刻愉悦的心情。海鸟总是那么怕生，它们轻快迅速的步子和傲人的飞翔能力轻而易举就让游人无奈地打消了想与它们亲近的念头。团结和勇敢让它们得以常年占据这片天然的适合栖息的港湾，好在人类建造的码头和城镇并没有给它们的存在造成太大的威胁。

　　沙滩尽头的码头已经成为各类船只、海鲜公司和鱼市场的聚集点，人们进进出出，在不远的地方能看到许多海獭伸着懒腰晒着太阳。惟有这里的海鸟好似习惯了人世的喧嚣……

01.13.2017

家具

　　人如家具，奢华或低调，明艳或质朴，轻盈或厚重，功能亲近后便知，远景无法分辨其内涵。同一种设计，不同的材质和颜色，呈现出不同的格调和氛围。人和与自己价值和性情最相近的家具相匹配，长期相处不觉厌烦，感情反而通过时间的增长更加深厚。没有经过慧眼辨别的，与自身条件不相符合的，非但不受到精心呵护，反而会因经常摩擦磕碰而劳损，从而失去本来的价值和意义。人在成长，人与人成长的速度和方式却并不完全一样，在适当的时机，无论是无法避免的，还是事实所要求的，都应该根据自身的变化找到不同样式、风格、更符合现在自身气质的家具，因为它们是家的重要组成部分，是当内心在最疲惫时，最近的去处。

12.29.2016

致母亲

我知道，今天，这么多年用千言万语汇集起来的潮水，终于得以汇入属于它的河流。那两个相隔了太远太久的灵魂，在当岁月老去时，终于获得了一丝生活的甜蜜和欢欣，赢得了时间的赞礼和不朽的芳华。不知多年后的你是否还会记得：我时常还没迈出脚就慢在了起跑线上，但在有你陪伴的崎岖的路途上，即使我走几步就会跌倒，也能从你眼神的坚定里找回失落的骄傲。我的担心和焦虑也是你的愤怒和彷徨，你的皱纹和疲惫也是我的内疚和忧伤。我的晴天能照亮你寂寞世界里的光，而我的狂风骤雨也会时常使你平静港湾里的小船翻倒。可你知不知道，我能看到你的星空里每一颗星的升起和坠落，也会孜孜不倦地寻觅那个陌生又熟悉的小屋，直到摸到你回忆里封尘的窗，然后偷偷地在经年的尘埃上擦出一个小小的彩虹。因此，请别拘泥于过去的脚印，昨夜的梦已经过去。请别纠结于上个路口的失误，新的路不一定就是错误。我期盼有一天跟你讲述我走遍天涯海角的乐趣，在一个面朝大海、春暖花开的地方为你建一座玻璃屋。假如天有爱意，希望来世你还是我最好的朋友，而我还是你唯一的女儿。

08.29.2016

幕间

　　飞机上，终于坐在了盼望已久的窗口，我知道这一次旅行会比以往任何一次都要漫长。

　　又回来了。

　　回到了那个相比于大城市来说人迹罕至、满眼田园树木的海边小城。在别人眼里，我是个幸运儿，率先较早地走出了国门，且无需独自承受离开家乡的煎熬。可与此同时，曾经空虚的感觉此刻一阵阵涌上心头，我的心颤抖着找不到容身的地方。即使过去了这么久，这种感觉还是那样突兀和猛烈。

　　时间，时间，你慢些走吧，让我好好思考下一步路，在我微弱的激情还未磨灭之前走得更远一些。

　　我必须先卸下包袱，再继续向前走。我得给那一箱箱的情绪找一个好地方，以便每日傍晚好回去照顾它们。然后，我要给自己定一个满满的行程，不戴任何有色眼镜地，这里走走，那里看看，倾听别人的快乐，最好是能够感同身受。

　　我希望我眼睛所看到的，只是一部电影，一部以我的视角拍成的电影，这也意味着，它将会是独一无二、无可掠夺的。看到美丽的东西时，我希望可以增加一个角色，把灯光和话筒调到最大，然后记录下随着时间即兴发挥的剧本。当我厌恶某个场景时，我会在把普通的灯光调得很暗之后，更换角度用手电筒重新观察。我不会把灯完全关闭，因为我不仅会认可它的存在，还会去试图认清背后的事实。

有时候，一个镜头需要尝试很多次，但我也会把它当作是一种乐趣，因为在每一次拍摄中的情感都或许会有些不同。

我的电影跟其他的电影一样，有高潮的旋律，也有平淡的记叙。每到观看拍摄时的心跳慢下来的时候，厌倦可能会浮上脑海，进度随之亦会减缓，有时也不免停格。可是再想想，即使是这样，也至少要给它一个不完美也不算太坏的结尾罢。于是打散角色的位置，再次布景，重新开机，故事又会不知不觉地延续下去。

朋友，如果我会充当后续电影里的一个角色，你们的期待是否也不会停机？

06.15.2016

吃西瓜

有一天，我问别人，你怎样吃西瓜？

一位服务员说，当然是切开拿着吃。妈妈说，应该切成小块装盘吃。还有人说，直接榨成汁喝才最爽。

在一个空调失灵、难以入眠的夜晚，爸爸从冰箱里拿出一个西瓜，说，你一半，我一半。

于是我立即坐到餐桌旁期待着每个夏天都可以享受到的盘中美食。只听一声咔嚓声后，两块被军绿厚袄裹得严严实实的西瓜张着血盆大口降落到餐桌上。遇到这两个庞然大物，我愣了几秒钟，才想起餐具还没拿。

我有点不情愿地用勺子为干渴的嘴巴辟出一条生路，其艰难程度堪比凿开一桶已经被冻得石化的冰淇淋。可是不久，像尝到了冰淇淋的丝滑香甜一样，随着红色汁液的增多，我持续劳作的动力逐渐被挖西瓜的乐趣激发出来。

勺子的弧度不仅完美匹配西瓜椭圆的外壳从而

减少了边角果肉的浪费，也使每一次盛出西瓜的大小符合口腔内部的形状和空间，使每一勺的需求恰好得到满足。因可随意更改每一勺的形状和大小，增加了吃一个简单食物时的自主选择部分，并带给每一次嚼咽不同的感受。西瓜丰富的汁液随着逐渐深入的挖掘从一次次塑形时产生的缝隙中渗出，满足了香甜后随之到来的饥渴。

在减少他人劳动的同时，享受到了最原始的劳动的快乐。在享受果肉的同时，也品尝到了清甜香醇的西瓜汁。不断努力接近完美，直到挖到看得清白肉才停止，以确保产生最少的浪费。在经过许多简单反复的挖掘动作和嘴部的健身后，劳动的成就感随之而来，我感受到的是付出汗水后的回报。

一个原来生活在北极的冰球在我和爸爸的努力下摆脱了红色的内容物，摇身一变变成了两顶绿色大锅盖。肚子饱了，解了渴也解了暑，我在床上一倒，对爸爸的"不满"早已抛在脑后。

06.10.2016

晨

夏日的鸟儿在树上唱歌。

从那以后，我再也没有遇到过相似的梦境。 从睡前眼角渗出的泪痕里，掺杂着在逐日延长的白昼里，模糊迷乱的欢笑。

现实似乎又在欺骗我，明明不属于我的音乐怎会传入我的耳中，本属于我的空白世界里怎会沾染几行墨迹？

一个早晨，在半睡半醒的时光中，我又一次来到三年前那个幽长隧道的起点，捡拾路边支离的碎片，采集前人留下的痕迹。从那些反光的碎片上，我看到了旧时的自己，紧张、期待、无助、释然。

如果说在走这个隧道的时候，我发现身后的世界变得越来越暗，那是不是因为手上紧攥着的灯，只能照亮脚底和前方的晨？而晨，总是忘了昨夜的伤痕。

我无法将所有拾到的碎片还原到事物最初的模样，即使我兢兢业业，找齐了它身上所有的部分。

就像是我无法清晰的描述前一晚的梦，也没有人会在意，你梦里真正的言辞，和那些好似梦见了的人们的样子。

我们是否一直处在晨的时段里？楼上的电钻机开始唱歌。

从那以后，我再也没有看到过相似的尘土漂浮在窗台前的晨光中。

06.09.2016

归程

这一切，应该结束了吧。

你慢慢地，慢慢地往回走。想着。

鞋子被泥潭弄脏了，衬衫湿透了又被风干。你问灰蒙蒙的天空，还有多远呢。

然后你困了，累了，不想再往前走。你说，我不想回去了。可是，不回去的你，还能去哪儿呢。

记得上一次去登山，登到山顶后，伙伴问，现在就下去？你答，不然，在上面过夜么。

可是这一次，没有伙伴的质疑，只有自我的反省。

你曾经只顾着一头往前冲，认为返程只是重复相同的路而已。可是，回来的路真的一样吗。是的，几乎是一样的人，差不多是相同的物，但从截然相反的视角，路是否还会相同。

回头不是倒退。从改变方向后的那一刻起，回头就是更有思考的前进。无论在一个物理点暂停，风景可以因角度的变化带给人截然不同的触感。没有人能够长久地停留在同一个高点，但无论身位高低，在每个时点，每个人都有变换方向的权利。

即使是山顶上的你，也无法逃避下山的选择。你还是在往回走，或者说，你还在前进。你突然放声大笑。所谓的回归，只不过是把十八世纪拿破仑画像的相框，镶在了电脑屏幕上的一个动漫角色上。

06.08.2016

往事随风

昨晚十点多听着齐秦的《往事随风》的我迷迷糊糊地进入梦乡，醒来后惊觉做了一个冗长的梦，梦里歌声依旧在回荡，旧时同学的身影出现在熟悉的地方。"就像好好睡了一夜直到天亮／又能边走着边哼着歌用轻快的步伐。"当有一天你开始感觉到生命的短暂和飞逝，你就会开始珍惜身边的每一个人，怜惜旅程中的一草一木，你会开始留恋所有的美好和不美好，然后便会发现其实活在当下是一件多么重要的事情。"很高兴一路上我们的默契那么长／穿过风又绕个弯／心还连着／像往常一样。"有句话这样讲，若心没有栖息的地方，到哪里都是流浪。可若是没有流浪，又如何找到栖息的地方？于是走一会儿停一下，扪心问问自己最想要的是什么，然后继续向前漂，直到漂过了所有湍急的渡口，翻了几次船又继续漂，终于发现，因为心中最初的梦想，所以自己一直在路上。

02.13.2016

好久不见

在这个世界上，有些人就像亲人，也许很多年都没有联系，只是偶尔想起往事，却在冥冥之中知道哪天还会再见。那时候，虽然只是淡淡的一句，好久不见，也会明白，分离这段时间里的思念。

12.21.2015

Puzzle

Life is like doing a puzzle. You never know what it will look like until you fix every imperfect corner and finally reach the end.

拼 图

生命就像拼图。你永远也不会知道它最后的样子是什么，直到你修复了所有不完美的角落。

11.19.2015